サイズアウトした子ども服
着る機会が減ってしまったお気に入りの服。

不要になってもなかなか捨てられない
思い出がつまった大切な服を
何か形に残せたら……
そんな想いからリメイク本づくりが始まりました。

リメイクってなんだか難しそうですが
ちょっとの工夫とアイデアで
クローゼットに眠っていた服が
世界にひとつだけの特別なものに生まれ変わります。

作品のサイズはすべて目安です
ぜひ、お子さんの寸法に合わせて
自由にアレンジしてみてください。

ハギレで簡単に作れる小物や
入園、入学式に役立つアイテムのおまけレシピ付き。

子ども服ブランドを手がける
服飾デザイナーさんたちが考えてくれた
洋裁が初めてでも簡単に作れるレシピが満載です。

エプロンワンピース P11

リバーシブルファーベスト P16

パッチワークブラウス P60

サルエルパンツ P50

ボンネット&ブルマ P08

リンクコーデ P35

お絵かきベスト P48

クラウン P86

ポシェット P15

パーティのための変身アイテム P70

contents

- 008 ボンネット&ブルマ
- 011 エプロンワンピース
- 014 カチューシャ
- 015 ポシェット
- 016 リバーシブルファーベスト
- 018 オールインワン
- 020 ガーランド&ぬいぐるみ
- 022 クラウン
- 023 パッチワークのスカート つけ襟　ボンネット
- 026 シャツロンパース
- 028 スモック
- 030 エプロンと三角巾
- 032 シュシュと三つ編みゴム
- 033 カバーパンツ
- 034 うさぎのぬいぐるみ
- 035 リンクコーデ
- 038 ボーダーTシャツ
- 040 ワンピース
- 042 吊りズボン
- 046 吊りスカート
- 048 お絵かきベスト
- 050 サルエルパンツ
- 052 巾着
- 053 デニムバッグ
- 054 ニットベスト
- 056 サスペンダーパンツ
- 058 スリットシャツ
- 060 パッチワークブラウス
- 062 巻きスカート&フリルパンツ
- 065 エコバッグ
- 066 チューリップハット
- 068 ミトン
- 072 チューブトップ&チュールスカート
- 074 おそろいドール服
- 076 チュールのカチューシャ
- 078 黒ネコチュールスカート&カチューシャ
- 080 ハートと星の魔法ステッキ
- 082 パーティハット
- 084 リボンのヘアピン
- 086 クラウン（王冠）
- 087 ヘアコームの髪飾り
- 088 色とりどりのコサージュ
- 092 蝶ネクタイ
- 093 つけ襟
- 096 レッスンバッグ
- 098 上履き入れ
- 100 水筒ケース
- 102 お弁当袋
- 104 移動ポケット

Item 01

ボンネット＆ブルマ

リバーシブルで使えるボンネットと
パンツの股下のわをそのまま使った簡単ブルマ！
冬はコーデュロイやウール、夏はコットンやリネンがおすすめ。
ブルマは裾を長めにしてゴムなしのハーフパンツにしてもかわいいです。

サイズの目安：size70〜80

reversible

ボンネットは裏地をつけてリバーシブルにすると肌当たりも安心です

リメイクアイテム
ワイドパンツ(大人用)

用意するもの

ボンネット
・バイアステープ　100cm
・裏地用の布　50cm×50cm

ブルマ
・ゴム(5mm幅)
　ウエスト用(80cm)1本　股下用(50cm)2本

ボンネット

①ワイドパンツからabcをカットする。裏地も同じサイズでカットする

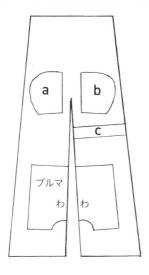

ボンネットは型紙(P109)を写して布をカットする

19cm / 12cm / c 11.5cm / 34cm

②abcを中表にして縫い代1cmで縫う。縫い代はアイロンで割る。裏地も同様にする

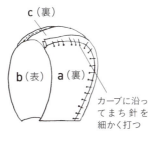

カーブに沿ってまち針を細かく打つ

③表地と裏地を中表に合わせ、顔まわりを縫う

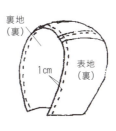

④表に返し、バイアステープで表地と裏地を挟み、縫う

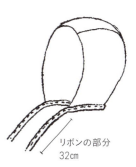

リボンの部分 32cm

ブルマ

① パンツの股下のわはそのまま活かし、ブルマの形にカットする

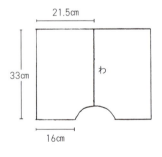

② 2枚それぞれ、端がほつれないようにジグザグミシンをかける

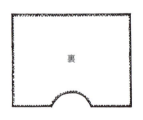

③ 2枚を中表に合わせ、ゴム通し口を残して、脇を縫う

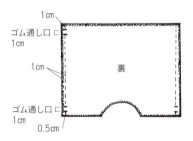

④ ウエストを二つ折りにして縫う。股を縫う

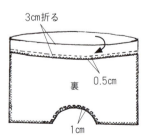

⑤ ウエスト上から1cmのところにゴム通し用のステッチをかける

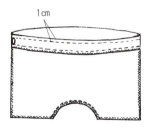

⑥ 裾を二つ折りにして上から0.5cm、下から1cmのところにゴム通し用のステッチをかける。ゴムを通して結ぶ。

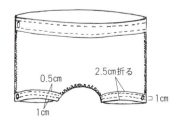

通し口は閉じなくてもOK。そのほうがゴムの取替えに便利です

Item 02

エプロンワンピース

チュニックの形をそのまま活かしたお手軽ワンピ。
胸当てをスカート部分と一体のまま裁断するのがポイントです。

サイズの目安：size100

エプロンワンピース

リメイクアイテム
ワンピース

用意するもの
・リボン1m
・ゴム（1cm幅）1m

① 前身頃から胸当て（前）をカットし、下のスカート部分はわのまま切り離す。袖からひも通し用の生地をカットする

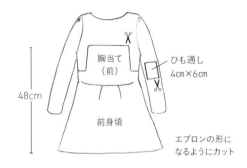

② 前身頃の胸当て脇に切り込みを入れる（ウエストベルトになる）

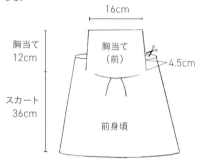

③ 残りの後ろ身頃から胸当て（後ろ）をカットする。裾下にジグザグミシンをかける

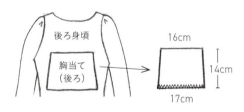

縦は胸当て（前）より2cm長い

④ リボンを仮止めする

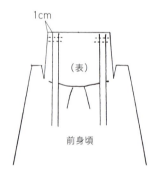

⑤ ❸の胸当て（後ろ）を中表に重ね、返し口を残して縫う。角の縫い代を図のようにカットする（もたつきがなくなり、収まりが良くなる）

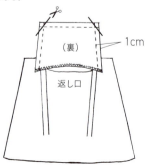

⑥ 胸当てを表に返し、端から0.2〜0.5cmのところをステッチ

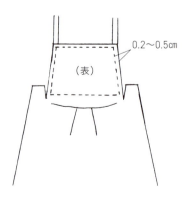

⑦❷の切り込みを三つ折りにしてゴム通し口を作る

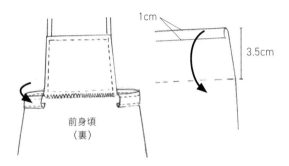

⑧ゴム通し用のステッチをかける

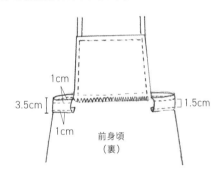

⑨ゴムを通し、片方の端を縫いつけて閉じる

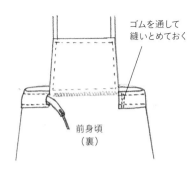

⑩ひも通し用の生地を折って、端にステッチをかける

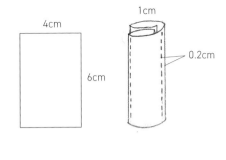

⑪スカートの両脇に合わせてひも通しを縫いつける

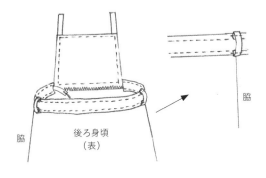

⑫ゴムの長さを調整し、ギャザーを寄せてゴムを縫いとめる

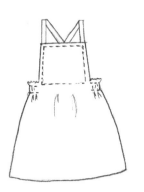

sewing point

大人用のチュニックワンピースを使用していますが、子ども用のワンピースでも応用できます。タックの入っているワンピースを使うと、よりかわいいシルエットに仕上がります。

Item 03

カチューシャ

エプロンワンピース（P11）の残布でおそろいのカチューシャを作ります。
カチューシャ台に巻きつけるハギレは、切りっぱなしのままでOK。
同じ要領でP86のクラウンやハンガーなども作れます。

> **用意するもの**
> ・細長いハギレ
> ・カチューシャ台（5mm幅・子ども用）
> ・布用両面テープ

①生地をカットする

②カチューシャ台に布用両面テープを貼り、
　生地を少し斜めに重ねながら巻きつける

③カチューシャ台にリボン部分を結ぶ

リボン部分

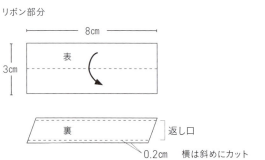

中表で半分に折り、返し口を残して端を縫ったら表に返し、返し口を閉じる

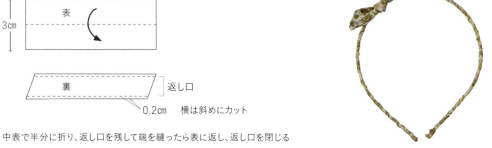

Item 04

ポシェット

パンツの後ろポケット2つを縫い合わせてポシェットに。子どもにちょうどいいサイズ感です。

sewing point
ジーンズやコーデュロイなど丈夫な生地がおすすめです。

リメイクアイテム
後ろポケットのあるパンツ

用意するもの
・リボン1m

before

①パンツの後ろポケット2つを、糸をほどいて取り外し、2枚を中表にして縫う

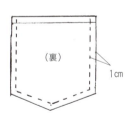

②角の部分をカットする（こうすると返したときにもたつきがなくなる）

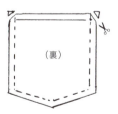

③縫い代をアイロンで割って、リボンを縫いつける

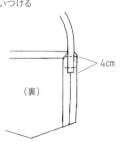

Item 05
リバーシブルファーベスト

サッと羽織れてあったか。
体温調節に重宝するベストです！

サイズの目安：size90〜100

リメイクアイテム
シャツやブラウス

before

用意するもの
・フェイクファー　100cm×50cm

①シャツの前身頃から、ベストの形をカットする

②シャツの後ろ身頃からベストの形をカットする

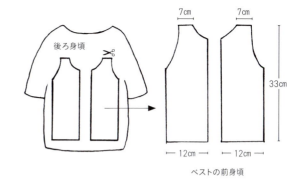

③前身頃と後ろ身頃の肩を縫い合わせて縫い代をアイロンで割る。ファーも①②③と同様にする

④シャツとファーを中表にし、前身頃、襟、袖ぐりの順に縫う。このとき、前身頃は5cm残して縫う

⑤襟と袖ぐりの縫い代に切り込みを入れる

⑥後ろ身頃の裾から前身頃の肩に手を入れ、前身頃を引き抜く

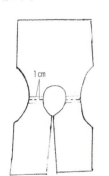 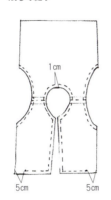 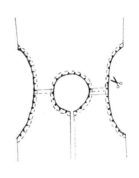 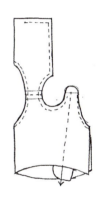

⑦表に返し、後ろ身頃を前身頃にかぶせる

⑧脇を縫う。このとき、シャツ裏地はファー裏地、シャツ表地はファー表地と中表にして縫う

⑨裾を縫う。このとき、返し口は残し、前身頃の5cmを残した部分も含めて縫い合わせる

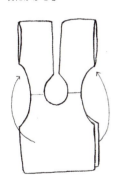  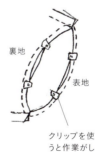 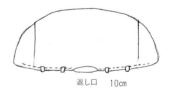

sewing point
⑧の脇を縫うとき、表地と表地、裏地と裏地どうしをきれいに合わせて縫うのがポイント。

Item 06

オールインワン

長袖Tシャツの袖をパンツとして利用した
おしゃれなオールインワン。
おそろいの帽子もとってもかわいいデザインです。

サイズの目安:size100

リメイクアイテム
長袖Tシャツ

用意するもの
・ボタン（直径1.15cm）5個

①袖ぐりと裾から25cmくらいのところをカットする

②後中心をカットして端にジグザグミシンをかける

③見返しを二つ折りにしてステッチをかける。ボタン穴を作り、ボタンをつける

後身頃

2.5cm

ボタン穴（1.3cm）

④袖ぐりにジグザグミシンをかけ、二つ折り（7mm幅）にしてステッチをかける

⑤袖に切り込みを入れる（脚部分になる）

⑥身頃裾から四角いパーツを2枚カットし、縫い合わせる（股部分になる）

袖ぐり

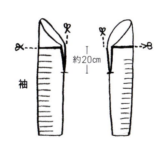

袖　約20cm

☆約38cm

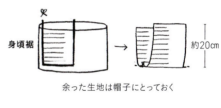

身頃裾　約20cm

余った生地は帽子にとっておく

⑦☆を上身頃のウエスト寸法に合わせ、股部分と脚部分を縫い合わせる

⑧上身頃とパンツを縫い合わせる

帽子

①余った布を図の形にカットする（裾と脇の縫われているところはそのままでOK）

②縫い代1cmで縫い合わせる

③表に返し、トップの両サイドをひと結びする

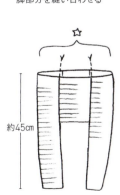

約45cm

約22cm
約23cm
脇
裾

sewing point

生地が余ったらポケットをつけるとポイントに！

Item 07
ガーランド＆ぬいぐるみ

思い出が詰まったロンパースを
かわいい小物へリメイク。

リメイクアイテム
ロンパース
レギンスなど

用意するもの
・手芸用のわた
・リボンやひも

準備 ロンパースやレギンスの好きなところから、パーツをカットする

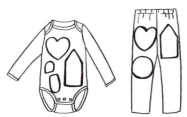

ガーランド

①中表に合わせ、返し口を残して縫う。縫い代に少し切り込みを入れると表に返したときにきれいな形になる

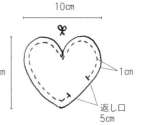

10cm / 9cm / 1cm / 返し口 5cm

②表に返し、わたを詰めて、返し口をまつり縫いする

③好みのリボンや毛糸などに縫いつけたら完成

子どもの好きな形を作ったり、文字を刺しゅうするのもおすすめです

ぬいぐるみ

①各パーツを作る。耳、手、足のパーツにわたを詰める

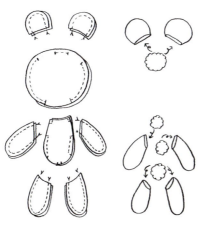

②顔と耳、体と手足を縫い合わせる。首のところから顔と体にわたを詰め、まつり縫いをする

顔は刺しゅうする

首にリボンを巻くと縫い目が目立たなくなります

Item 08
クラウン

ベビーのお誕生日やお祝いにぴったりなクラウン。
わたの代わりにキルト芯を使っても。

sewing point
ロンパースやレギンスなど伸びる素材は、裏に芯地（接着芯）を貼っておくと裁断や縫製がしやすいです。

①柄の違うハギレを図の形にカットする

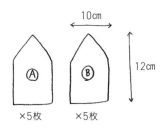
Ⓐ ×5枚　Ⓑ ×5枚
10cm　12cm

②縫い代1cmで縫い合わせ、上から1cm手前で縫いとめる

縫い止まり1cmあける

×2枚

リメイクアイテム
ロンパースなど

③2枚を中表に合わせ、返し口を残して縫い合わせる

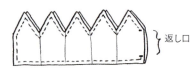
返し口

④表に返してわたを詰め、返し口をまつり縫いする

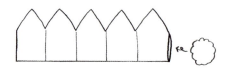

クラウンの先に、ポンポンをつけてもかわいいです！

後ろにリボンを縫いつけたら完成！

Item 09

パッチワークのスカート
つけ襟　ボンネット

柄違いの古着をハギレにして
つなぎ合わせて作るリメイク術。
パッチワークの柄や色の違いで
オリジナリティあふれる装いが楽しめます。

サイズの目安:size90〜100

リメイクアイテム
柄違いの古着 数着

用意するもの
スカート用
・ゴム（1.5cm幅）
　42cm〜44cm

ボンネット用
・リボン（2.8cm幅×30cm）2本
・ゴム（8mm幅）26cm〜30cm

下準備

・古着から「8cm四方」のハギレをたくさんカットする（裏地も使用）
・古着からスカート用のウエストベルト（6cm×110cm）をカットする
・古着からパイピング用のハギレをカットしてバイアステープを作る

つけ襟用　襟周囲（2.8cm幅×116cm）1本
　　　　　襟ぐり〜リボン（2.8cm幅×95cm）1本
ボンネット用　（2.8cm幅×40cm）1本

スカート

①8cm四方のハギレを72枚用意する。9枚を横に縫い代1cmで縫い合わせ、ジグザグミシンをかける

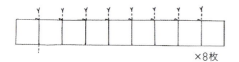
×8枚

②❶を縦4段に縫い代1cmで縫い合わせ、ジグザグミシンをかける

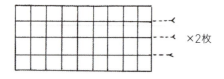
×2枚

③❷の2枚を中表に合わせて脇を縫い合わせる。裾は三つ折り（1cm幅）にして縫い代0.5cmで縫う

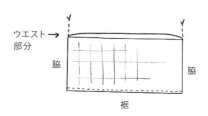

④ウエストベルトにスカートのウエスト部分を挟み込み、ゴム通し口を残してステッチをかける。ゴムを通したら、ゴムの両端を重ねて数回返し縫いをして縫いとめ、ゴム通し口を閉じる

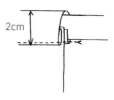

sewing point
子どものウエストとスカート丈に合わせて、ハギレの枚数を調節するといろいろなサイズが作れます。

\完成/

丈約26cm

つけ襟

①8cm四方のハギレを16枚用意する。

前襟
ハギレ4枚（2×2）を縫い代1cmで縫い合わせる

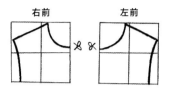

右前　　左前

後ろ襟
ハギレ8枚（4×2）を縫い代1cmで縫い合わせる

後ろ

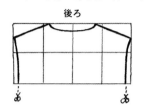

サイズの目安

約6cm　約3cm　約5.5cm　約12cm　約1.5cm　約3cm　約1.5cm

前・後ろ襟のパーツをそれぞれ図のようにカットする。裏地用に、余った生地から前・後ろ襟と同サイズをカットする

②前・後ろ襟を中表に合わせ、肩を縫い代1cmで縫う。裏地も同様にする。襟と裏地を外表に合わせ、周囲をバイアステープでパイピングする

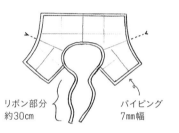

リボン部分 約30cm　パイピング 7mm幅

sewing point

つけ襟やボンネットは、裏地をつけることで縫い代が肌に当たるのを防げます。また、パイピングで始末しているので、リバーシブルでも楽しめます。パイピングは、片方をまつり縫いするときれいに仕上がります。

ボンネット

①8cm四方のハギレを18枚用意する。ハギレ3枚を横に縫い代1cmで縫い合わせる

×6枚

②❶を縦3段に縫い合わせる

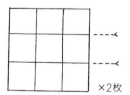

×2枚

③❷の2枚を中表に合わせて2辺を縫い代1cmで縫い合わせる

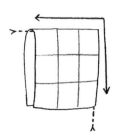

④裏地用に、余った生地から❷と同サイズをカットする。裏地を中表に合わせ、裾を縫い代1cmで縫い、表に返して1cm幅のステッチをかける。ゴムを通して縫いとめる

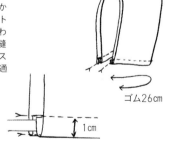

ゴム26cm　1cm

⑤顔まわりをバイアステープでパイピングする。左右にリボンを縫いつける

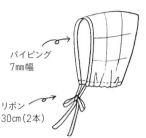

パイピング 7mm幅

リボン 30cm（2本）

Item 10

シャツロンパース

シャツを大胆にカットしてボタンホールと裾を
そのまま利用したロンパース。パイピングテープの柄や
色でアクセントをつけるとおしゃれな印象に様変わり。

サイズの目安:size80〜95

リメイクアイテム
メンズシャツ

before

用意するもの
・バイアステープ（幅12mm）1m25cm

① メンズシャツからロンパースの形をカットする
（手持ちのロンパースを型がわりにする）
前身頃の襟ぐりは後ろ身頃の襟ぐりよりも少し深めにカットする

② 中表に合わせて肩、脇、股下にステッチをかける

③ 縫い代は2枚一緒にジグザグミシンをかける

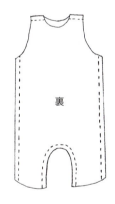

④ 袖ぐりと襟ぐりをバイアステープでパイピングする

後ろ　前　脇の縫い代を後ろ側に倒す

バイアステープの折りを広げて折り山の上を縫う

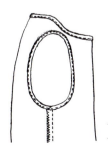

ミシン目をかくすようにバイアステープを折って端にステッチをかける

Item 11

スモック

ものづくりをめいっぱい楽しむためのスモック。一枚あると重宝します。

サイズの目安:size80〜100

リメイクアイテム
シャツ（大人用）

用意するもの
・ソフトゴム（6コール）60cm

① シャツの台襟をカットする

台襟のないシャツは襟をカットする

② 裄丈と着丈をカットする
（手持ちの服の寸法を目安にする）

着丈＋
縫い代2cm

裄丈＋縫い代3cm

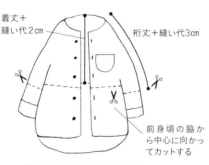

前身頃の脇から中心に向かってカットする

前身頃は後身頃より、着丈を3cmほど長くカットする（仕上がったときに前が短くなるため）

③ 残布でバイアステープを作る

アイロンで折り目をつける

1cm

3cm幅×首まわり寸法

＊首まわり寸法は余裕を持った長さに

④ 首まわりにバイアステープを縫いつける

シャツ首まわり（表）

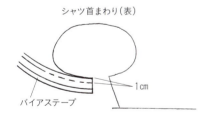

1cm

バイアステープ

ゴム　1cm

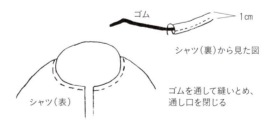

シャツ（裏）から見た図

シャツ（表）

ゴムを通して縫いとめ、通し口を閉じる

⑤ 袖口と裾まわりを縫う

袖口は1cm→2cmの三つ折りにしてアイロンで押さえ、ゴム通し口を残して縫う。袖口にゴムを通して通し口を閉じる

裾まわりは1cm→1cmの三つ折りにしてアイロンで押さえて縫う

⑥ 前たて部分を縫いとめる

縫いとめる

＊わかりやすくするため、バイアステープの色を変えています

Item 12

エプロンと三角巾

お手伝いや園で活躍するエプロン&三角巾も
テーブルクロスや大判のハンカチで簡単に作れます。
急に必要になったときも大助かりです。

エプロン

リメイクアイテム
テーブルクロス
または
スカーフなど
（約70cm四方）

用意するもの
・リボン
（1～1.5cm幅）
1m70cm

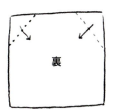
①上の両角を折る

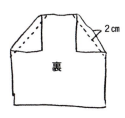
②リボンの幅に合わせて縫う

③リボンを通したら完成！

三角巾

リメイクアイテム
大判ハンカチ
（約54cm四方）

用意するもの
・ゴム（14cm）

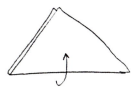
①三角に折る

②底辺の両角を重なるように入れ込み、まち針でとめる。

③重なった部分を中心にし、約35cm縫う

④ゴムを通し、ギャザーを寄せて両端を縫いとめる

sewing point
120cmサイズの場合の目安です。お子さんに合わせて調節してください。

Item 13
シュシュと三つ編みゴム

レギンスの伸縮性を活かしたヘアアイテム。
三つ編みゴムは縫わずに簡単に作れます。

リメイクアイテム
レギンス
before

用意するもの
・ゴム（20cm）
・レース（40cm）

ハギレを
つなぎ合わせても
作れます

シュシュ

① レギンスの脇をカットする

② 中表に折り、レースを挟み込んで端を縫う

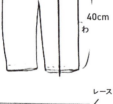

③ 表に返し、ゴムを通して結ぶ

④ 口をまつり縫いで閉じて完成

三つ編みゴム

① レギンスを長方形にカットする。1cm幅にカットし、ひもを1本作る

② 上から1cm残し、縦3等分にカットする

③ 端をテープで机に固定し、三つ編みする

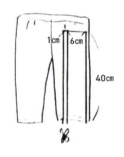

④ ❶のひもで結んで固定する

⑤ 布の先をさらに細かくカットしてフリンジにする

Item 14

カバーパンツ

裁断を工夫することでTシャツから
カバーパンツの形が取れます。

リメイクアイテム
Tシャツ

用意するもの
・ゴム

裾のデザインを
活かしたいときは
布をあててゴム通しを作っても！

①Tシャツを図のように広げて逆さに置き、脇をぴったり合わせる

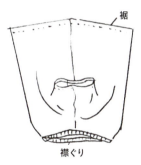

②図のようにカットする

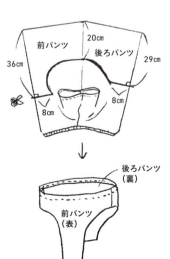

③股部分を中表で縫い、縫い代はジグザグミシンをかけて前に倒す

④裾を三つ折りにし、ゴム通し口を残して縫う

0.7

⑤裾にゴムを通して閉じる。ウエスト部分の端を少しほどき、ゴムを通して閉じる

sewing point

後ろパンツにTシャツのプリントがくるようにカットするとプリントが活かせます。

Item 15
うさぎのぬいぐるみ

靴下を愛らしいぬいぐるみにリメイク。
なんともいえないかわいさです。

リメイクアイテム
靴下

before

用意するもの
・わた
・ボタン　2個
・リボン

①靴下を裏返して図のように置く

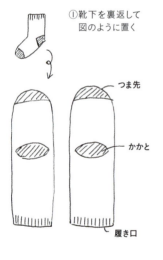

②図のようにカットして縫い、表に返し、わたを詰める。（耳はわたを詰めない）

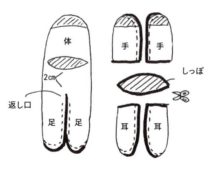

③体にわたを詰めて返し口を閉じる。体の中心をリボンでしぼり首を作る

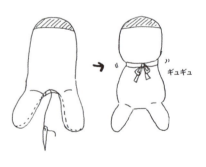

④しっぽはまわりを縫い、わたを詰めて糸を引き、縫い代を内側に仕舞いながら球状にする

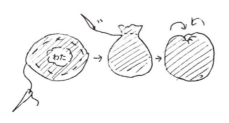

⑤体に耳、手、しっぽを縫いつけ、ボタンや刺しゅうで目をつける

Item 16
リンクコーデ

ワンピースの前と後ろの身頃を使って
トップス2着を作ります。
残布で裾をリブやフリルに
アレンジするとかわいいです。

トップス

①半袖Tシャツから各パーツをカット

リメイクアイテム
ワンピース
リブTシャツ
半袖シャツ
（全て大人用）

用意するもの
・バイアステープ
・ゴム

②刺しゅうワンピ（後ろ身頃）の襟ぐりをカットし、右ページの作り方❸～❺と同じ要領で作る

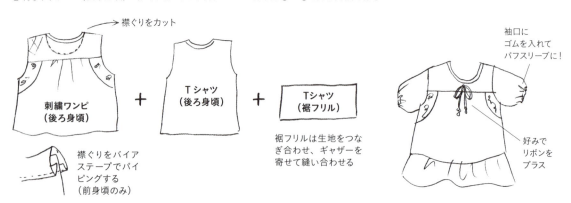

→襟ぐりをカット

刺繍ワンピ（後ろ身頃） ＋ Tシャツ（後ろ身頃） ＋ Tシャツ（裾フリル）

襟ぐりをバイアステープでパイピングする（前身頃のみ）

裾フリルは生地をつなぎ合わせ、ギャザーを寄せて縫い合わせる

袖口にゴムを入れてパフスリーブに！

好みでリボンをプラス

セットアップ

①刺繍ワンピースから各パーツをカット

②リブTから各パーツをカット

③刺繍ワンピ（前身頃）、リブT（後ろ身頃）を作りたいサイズにカット

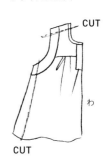

④パーツを縫い合わせる

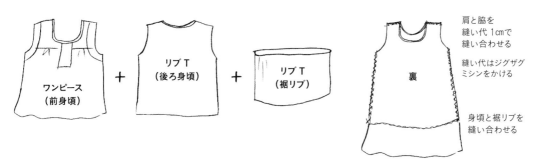

⑤袖にギャザーを寄せ、身頃に縫い合わせる

⑥スカートのウエストにゴムを入れる

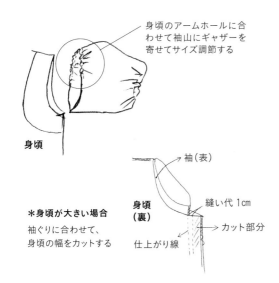

Item 17
ボーダーTシャツ

ボーダー柄を活かしたリンクコーデ。
兄妹や親子で楽しめます。

リメイクアイテム
Tシャツ（大人用）
Tシャツ（子どもにジャストのサイズ）

①ボーダーTシャツを半分に折ってまち針でとめ、子どものサイズに合わせてカットする

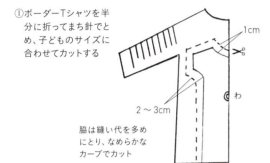

脇は縫い代を多めにとり、なめらかなカーブでカット

裾の位置を合わせる

⑤ボーダーTシャツと白Tシャツの袖をカットする。

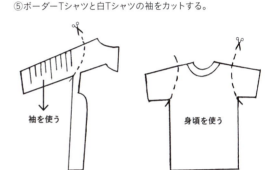

袖を使う　　身頃を使う

②前の襟ぐりをカットする。

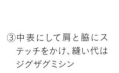

襟ぐりは手持ちの子ども服の前下がりのサイズを参考にする

⑥身頃のアームホールに合わせて、袖にタックを寄せる

身頃と袖ぐりのアームホールはサイズは違うため、袖にタックを寄せて調節する
＊身頃のアームホールのほうが袖ぐりより大きい場合は袖ぐりに合わせて身頃の幅をカットする

③中表にして肩と脇にステッチをかけ、縫い代はジグザグミシン

④襟と袖口を3つ折りにし、ジグザグミシンをかける

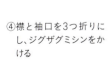

まち針や仮縫いでタック部分をとめておくと縫いやすい

袖は好みの長さでカットし、縫い代1cmでミシン

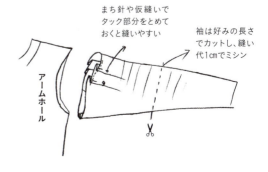

アームホール

Item 18

ワンピース

メンズシャツの襟と袖をアレンジするだけで
素敵なワンピースに。
裾をカットしてトップスにアレンジしても!

サイズの目安:size120

```
リメイクアイテム
メンズシャツ

用意するもの
・バイアステープ
・ゴム
```

① 袖ぐりをカットする。襟を3mmほど残してカットする（このとき台襟を切らないように注意する）

② 袖からフリル用の生地を2枚切り出す

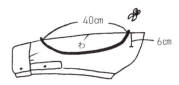

③ 端にステッチをかけ、ギャザーを寄せる

④ フリルを袖ぐりに仮縫いする（袖ぐり上側1/3くらい）

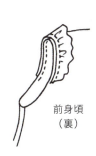

前身頃（裏）

⑤ 袖ぐり（裏）にバイアステープを縫いつける（このときゴム通し口を2箇所作っておく）

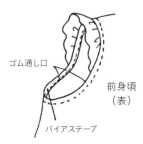

ゴム通し口
前身頃（表）
バイアステープ

⑥ 袖ぐり下側1/3ほどにゴムを通し、両端を縫いとめる（子どものサイズに合わせて調節する）

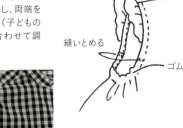

縫いとめる
ゴム

完成

エプロンとの組み合わせもおすすめ

Item 19

吊りズボン

シャツの袖をそのままパンツとして使うため、
少ない工程で作れます。リメイクに使うシャツは、
身頃と袖の柄の切り替えが目立たず、
袖山にギャザーが入っていないものがおすすめです。

サイズの目安:size110

リメイクアイテム
大きめのシャツ

用意するもの
・ゴム
・伸び止めテープ

1. シャツから各パーツをカットする

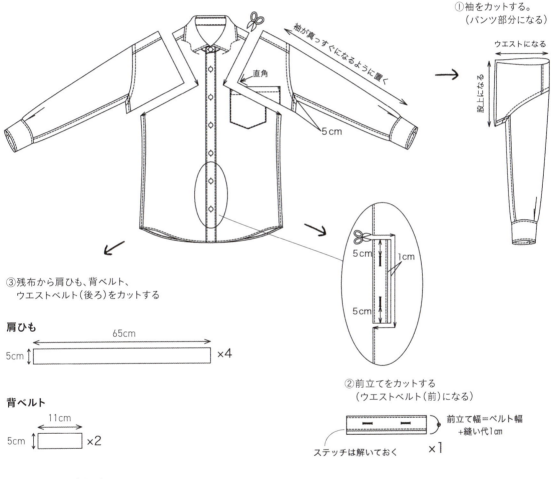

①袖をカットする。
（パンツ部分になる）

②前立てをカットする
（ウエストベルト（前）になる）

ステッチは解いておく
前立て幅＝ベルト幅＋縫い代1cm
×1

③残布から肩ひも、背ベルト、
　ウエストベルト（後ろ）をカットする

肩ひも

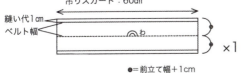

65cm / 5cm / ×4

背ベルト

11cm / 5cm / ×2

ウエストベルト（後ろ）

吊りズボン：パンツウエスト寸法に合わせた長さ
吊りスカート：60cm

縫い代1cm
ベルト幅
わ
×1
●＝前立て幅＋1cm

＊それぞれ長さが足りない場合は縫い合わせて用意する。
　縫い合わせ箇所の縫い代は割っておく。

2. 股上を縫う

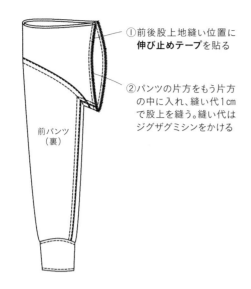

> sewing point
>
> 普段履いているズボンの股上とウエストを測って目安にするとお子さんに合ったサイズ感に仕上がります。シャツの前立て＆ボタンホールをそのまま使用するのがポイント。

3. 肩ひもを作る

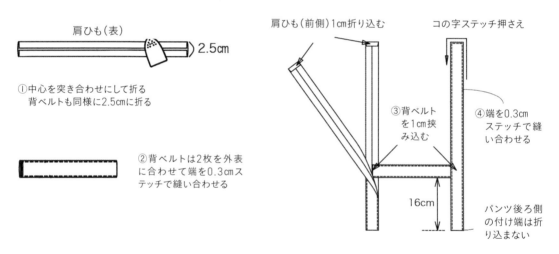

4. ウエストベルトを作る

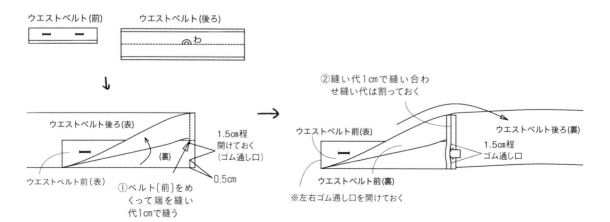

5. ウエストベルト・肩ひもを縫い合わせる

①ウエストベルトとパンツを中表で合わせて縫い代1cmで縫い合わせる

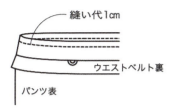

②肩ひも端1cm挟み込む

③縫い代1cm折り込んで端をコバステッチ

⑥肩ひもの長さを子どもに合わせて丁度良い位置にボタンを縫いとめる

④ウエストベルト上端を0.5cmステッチする。その際に肩ひもを一緒に縫う

⑤ゴム通し口から後ろベルトにゴムを通し、ゴムの端を前ベルトに1cm入れてステッチで縫いとめる

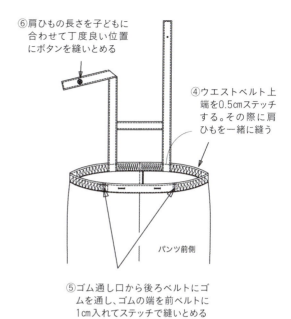

6. 裾の始末をする

好みの丈でカットし、三つ折りで始末をする

＊カフスや剣ボロをそのまま残してもかわいいです

〜完成〜

Item 20

吊りスカート

吊りズボンと同じ要領で吊りスカートも作れます。
リメイクには見えないクオリティに。
サイズの目安:size100

リメイクアイテム

メンズシャツ

用意するもの

・ゴム

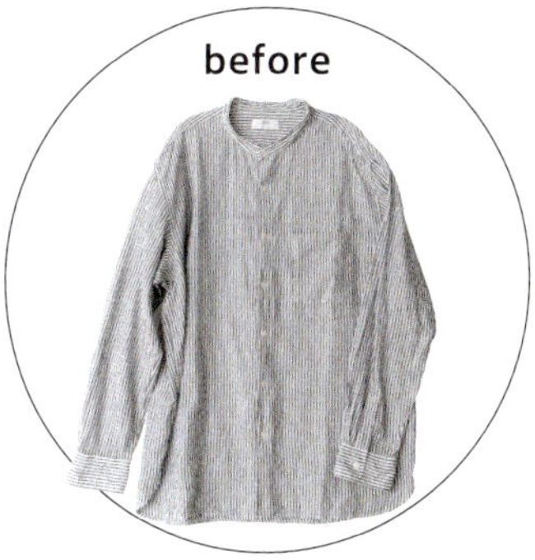
before

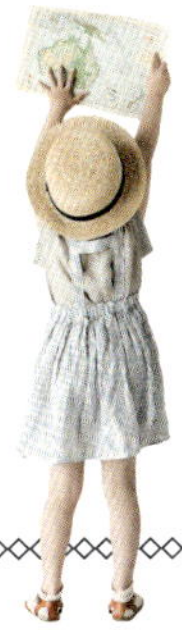

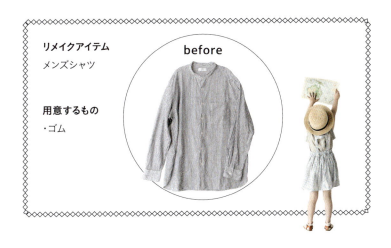

1. シャツから各パーツをカットする

①身頃をカットする（スカート部分になる）

スカート丈を決めて縫い代を足した寸法でカットする（幅はとれるだけとる）

★スカート丈＋
縫い代2.5cm（ウエスト側1cm＋裾1.5cm）

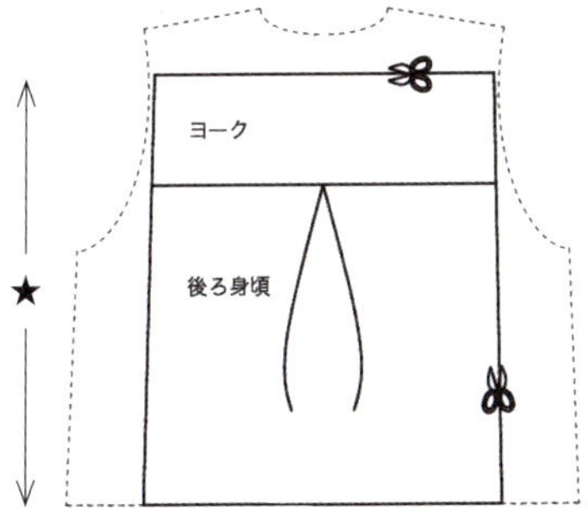
ヨーク
後ろ身頃
★

②前立てからウエストベルト（前）をカットする（吊りズボン作り方1-②参照）
残りの前立てもカットする

シャツの裾のラウンドが緩ければ三つ折りがそのまま使える。ラウンドが激しい場合はヨーク側と同じ★の寸法でカットする（ウエスト縫い代1cm＋裾縫い代1.5cm）

☆スカート丈＋1cm（ウエスト側縫い代）

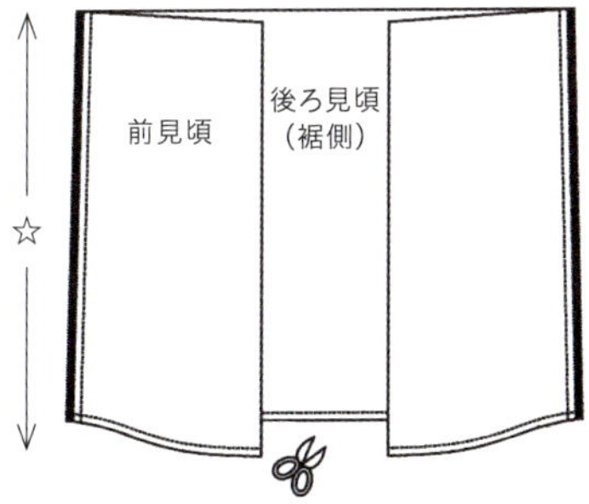
前見頃
後ろ見頃
（裾側）
☆

③袖から肩ひも、背ベルト、ウエストベルト（後ろ）をカットする

＊寸法は吊りズボンの作り方1-③参照

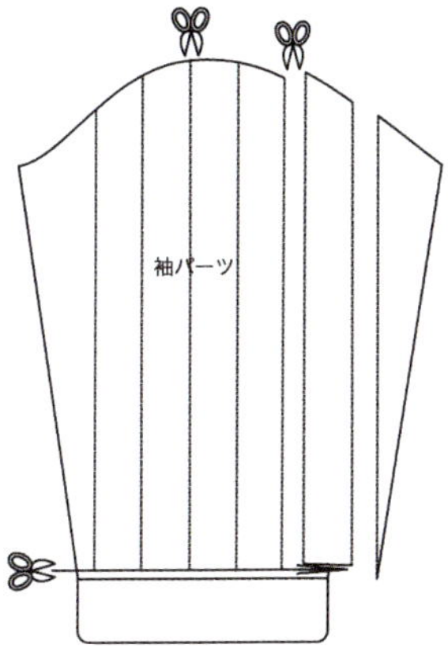
袖パーツ

2. スカートを作る

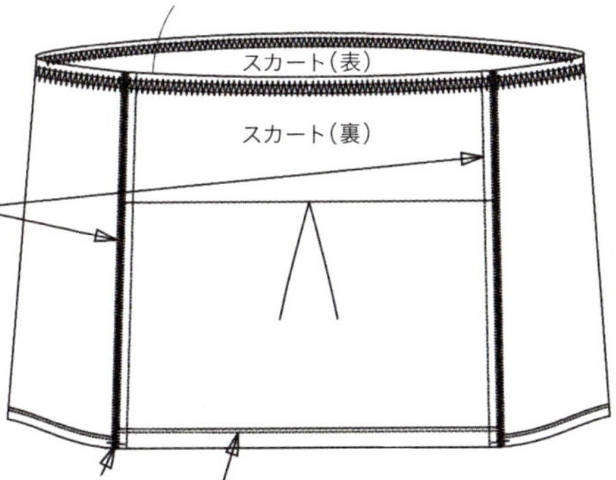
④粗ミシンでギャザーを寄せてウエストベルトの寸法に合わせる
スカート（表）
スカート（裏）
②中表に合わせて縫い代1cmで縫う。縫い代はジグザグミシンをかける
③裾部分の縫い代は縫い留める
①0.7cmの三つ折りにしてステッチ

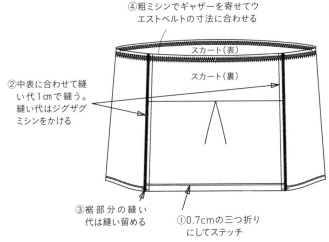

⑤吊りズボンと同様に肩紐、ウエストベルトを作って縫い合わせる（吊りズボンの作り方3～5参照）

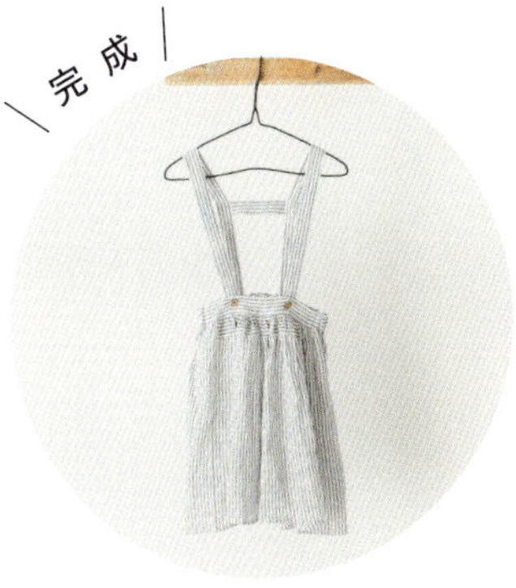
完成

Item 21

お絵かきベスト

オーバーオールならではのポケットがいっぱいのベストは、
お絵かきのほかにお散歩のときも大活躍。
木の実や貝殻など、季節の宝物をたくさん詰め込んで。

サイズの目安:size100

sewing point

見返しに使う布は薄手〜普通地のアイロンがしっかり効く素材が作りやすいです。デニムの厚みが縫いにくい場合は縫い代カットをしたり手縫いで仕上げます。

> **リメイクアイテム**
> オーバーオール（子ども用）
>
> **用意するもの**
> ・見返し用の布
> 　（4cm×ベスト着丈分）2枚
> ・背ベルト用の裏地（5cm×9cm）2枚
> ・プラスナップ（凹凸）2つ

1. ベスト部分をカット

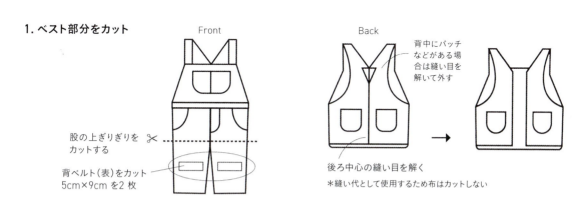

股の上ぎりぎりをカットする

背ベルト（表）をカット 5cm×9cm を2枚

背中にパッチなどがある場合は縫い目を解いて外す

後ろ中心の縫い目を解く

＊縫い代として使用するため布はカットしない

2. 背ベルトを作る

＊裏地は薄手の布を使うと縫いやすい

中心で突き合わせにしてアイロンで折る

外表にして合わせる

コの字のステッチで縫い合わせる ×2

3. 見返しを作る

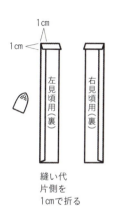

縫い代片側を1cmで折る

4. ベストに背ベルトと見返しを縫い合わせる

①背ベルトを縫い代の厚みが出ない縫いやすい位置に仮止めする（左右共に）

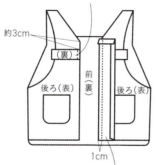

約3cm

②見返しを中表に合わせて縫う（左右共に）

5. 見返しと裾を仕上げ、ボタンをつける

プラスナップボタンをつける

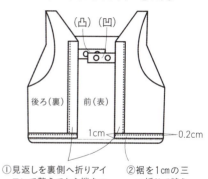

ベストを裏返す

①見返しを裏側へ折りアイロンで整えてから端をコバステッチで縫いとめる

②裾を1cmの三つ折りで縫う

Item 22

サルエルパンツ

股上が深く、ゆったりシルエットの
サルエルパンツは幼少期に大活躍。
3枚の生地を直線縫いするだけなので
簡単に作れます。

サイズの目安:size90

リメイクアイテム
ワンピース（大人用）または大きめのシャツ

用意するもの
・ゴム（1cm幅）

①ワンピースから各パーツをカット

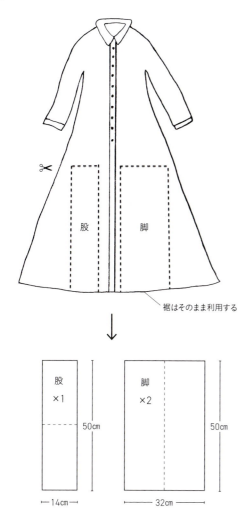

裾はそのまま利用する

股 ×1　50cm　14cm
脚 ×2　50cm　32cm

②脚と股を中表に合わせて♥を縫い合わせてから◆を縫う。片方も同様にする

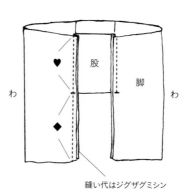

縫い代はジグザグミシン

③ウエストは5mm→1.5cmの三つ折りにし、ゴム通し口を残して縫う

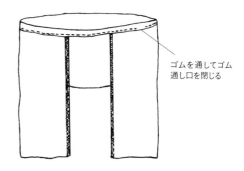

ゴムを通してゴム通し口を閉じる

Item 23

巾着

すぐにサイズアウトしてしまう
ベビー帽子を宝物入れに

リメイクアイテム
ベビー用の帽子

before

用意するもの
・リボン2本
（帽子のゴムより細いもの）
帽子の大きさに合わせて好みの長さ

sewing point

ベビーの帽子は、頭のサイズに合わせて調節しやすいようにゴムが入っているものがあります。そのゴム通しを利用して小さい巾着を作りました。ゴム通しがない帽子の場合は、布をあててひも通しを作っても。

① ゴムを取り外す

カットしてリボンの通し口を作ったらほつれないように縫う

表

ゴムを抜く

② 両側から、それぞれリボンを通したら先を結ぶ。リボンの先に余った生地を飾りでつける

リボンの通し方

リボンを通す

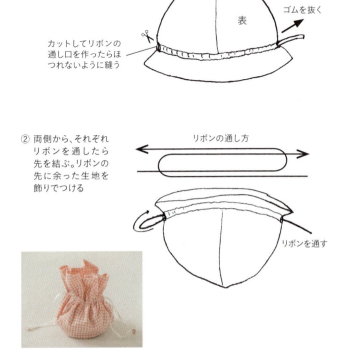

Item 24
デニムバッグ

デニムスカートとシャツの袖を使って、
オリジナルのバッグに。
タイトスカートでも代用できます。

リメイクアイテム
シャツ、デニムスカート

①スカートを好みの長さでカットする

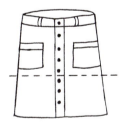

②シャツの袖をカットする

③スカートを中表にして裾を縫い合わせる

④縫い代を片側に倒し、マチを縫う

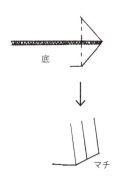

④シャツの袖のラインをまっすぐにカットする

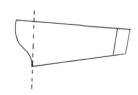

⑤袖を縦半分に折って裁ち端を縫う
バッグ内側の両サイドに袖をつける

Item 25

ニットベスト

小さくなったニットも袖をカットして
ベストにすれば、長く楽しめます。
脇をリボンで結ぶデザインは、
サイズ調節もしやすく、重ね着のアクセントに。
首まわりは変更しないため、
作る前に頭が入るか確認を。

サイズの目安:size120～130

before

リメイクアイテム

ニット

用意するもの

・コットンテープ（3cm幅）
　見返し用…約95cm×2本
　（裾から裾を測り2cmの縫い代を入れて用意する）
　脇用…55cm×4本

①コットンテープの端を三つ折りにしてステッチをかける

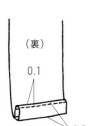

②裾からまっすぐ上がったラインでカットする

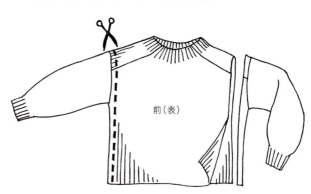

③脇用コットンテープを挟み込み、見返し用のコットンテープを縫う

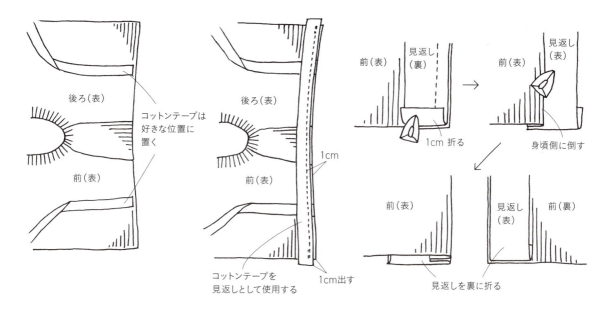

④コットンテープを縫う

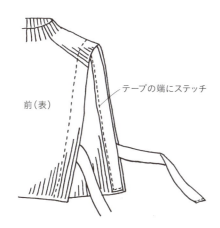

Item 26
サスペンダーパンツ

丈が短くなったパンツを
サスペンダーパンツに一新。
ゆったりしたシルエットのパンツで作ると
かわいく仕上がります。

サイズの目安:size130~140

リメイクアイテム
ロングパンツ

用意するもの
・ボタン(1.5cm)2個

before

①股下をカットし、三つ折りにして縫う

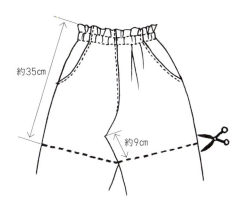
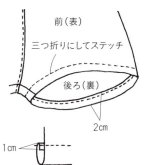

②カットしたパンツからサスペンダーを作る

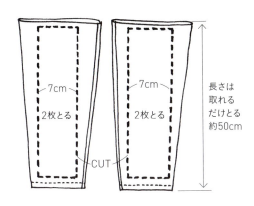
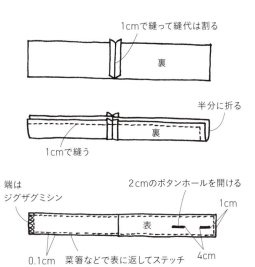

③後ろウエストにサスペンダーをつける

④前ウエストにボタンをつける

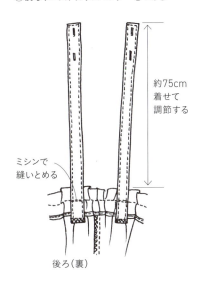
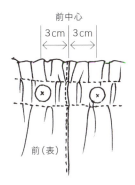

sewing point

肩ひもはカットしたパンツ下部分から作るため、長さと幅が足りるか先に確認を。肩ひもの長さは好みで調節します。

Item 27

スリットシャツ

リメイクアイテムのシャツワンピは、
裾に向かって広がるシルエットのものを使うと、
着たときにスリットが開いておしゃれな印象に。

サイズの目安:size130~140

リメイクアイテム
シャツワンピース（大人用）

before

①袖口をカットして縫う

リッパーで袖口あきをほどき、できるだけ長い位置でカットする

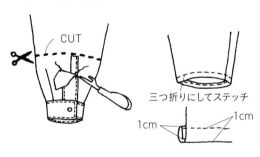

三つ折りにしてステッチ

②台襟をリッパーでほどき縫い直す

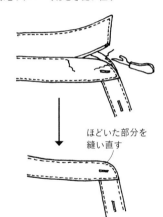

ほどいた部分を縫い直す

③袖付け脇から13cmの所まで、裾の脇をほどく

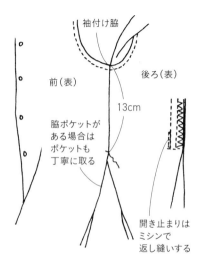

袖付け脇

前(表)　後ろ(表)

13cm

脇ポケットがある場合はポケットも丁寧に取る

開き止まりはミシンで返し縫いする

④裾をカットし、スリットを縫う

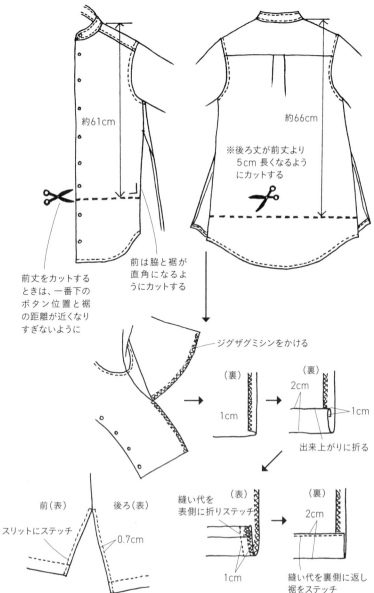

約61cm

約66cm

※後ろ丈が前丈より5cm長くなるようにカットする

前丈をカットするときは、一番下のボタン位置と裾の距離が近くなりすぎないように

前は脇と裾が直角になるようにカットする

ジグザグミシンをかける

(裏)　1cm

(裏)　2cm　1cm

出来上がりに折る

縫い代を表側に折りステッチ

(表)　(裏)　2cm

1cm

縫い代を裏側に返し裾をステッチ

⑤前立て端にステッチをかける

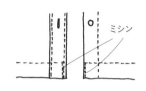

ミシン

前(表)　後ろ(表)

スリットにステッチ　0.7cm

Item 28
パッチワークブラウス

着なくなったトップスに好みを布をパッチワーク。
新しく生まれ変わったデザインを楽しんで。

サイズの目安:size90〜100

リメイクアイテム
柄違いの
ブラウス2枚

before

sewing point

ブラウスからパッチワークがはみ出るように付けるのがポイント。切り取る際は、あまり考えずに思い切って切り進めましょう。端の処理はあえてせず、切りっぱなしのほつれもデザインとして楽しんで。パッチワークの布はレースやシアー素材の花柄がおすすめ。

①レースブラウスからパッチワーク用を好きな形にカットする。大きさや形はさまざまな方がおすすめ

②バランスをみてブラウスに配置する。アシンメトリーにするとバランスが取りやすい。裾は、はみ出てもかわいい

③切りっぱなしのままミシンで縫い合わせたら完成

Item 29

巻きスカート
＆フリルパンツ

クローゼットに眠っているワンピースを巻きスカートに。
残った生地は、レギンスやパンツの裾に足して、
フリルパンツにイメージチェンジ。

サイズの目安:
巻きスカートsize140
フリルパンツsize90〜100

リメイクアイテム
ワンピース（大人用）
レギンス（子ども用）

before

用意するもの
ウエストベルト用の布
・ベルト用（55cm×20cm）1枚
・ひも用（90cm×3.5cm）2枚
＊ウエストベルトの寸法はsize140の場合の目安です

巻きスカート

①ワンピースの裾の部分からスカート用をカットする

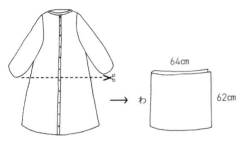

＊スカートの寸法はsize140の場合の目安です
お子さんのウエストや丈に合わせてカットします

②ひも用の生地を図のように折ってアイロンをかける

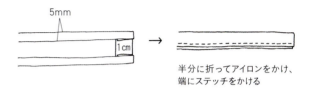

半分に折ってアイロンをかけ、端にステッチをかける

③ベルト用の生地にひもを仮止めする

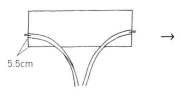

半分に折り、縫い代1cmでステッチをかける

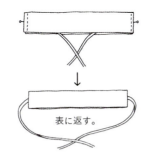

表に返す。

④スカートの上側（ウエスト部分）にギャザーを寄せるための粗めのステッチをかける。ギャザーを寄せ、ウエストベルトを中表に合わせて縫う

⑤角を整えながら、ウエストベルトを④の縫い目に重ね、まち針でとめる

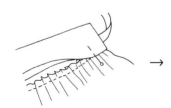

端から2〜3mmのところにステッチをかける

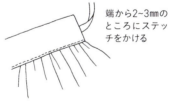

sewing point

巻きスカートのウエストのひもは好きな長さにしてぐるぐると腰に巻きつけてもかわいいです。また、スカートが無地ならウエストベルトは柄にしたり、思い切って柄×柄にしても

フリルパンツ

①レギンスの膝下〜すねのあたりをカットする

②ワンピースの袖からフリル用をカットする

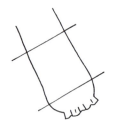

中表にし、縫い合わせて端にジグザグミシンをかける

1cm

上側にギャザーを寄せるための粗めのステッチをかける

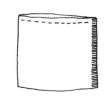

③フリルにギャザーを寄せ、パンツを中表で合わせてまち針でとめる

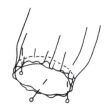

④ステッチで縫い合わせ、端にジグザグミシンをかける（糸はニット用がおすすめ）

sewing point

フリルの切り替えを膝下にするとインパクトのあるパンツに。足首あたりにすると上品に仕上がります。

Item 30
エコバッグ

ついつい増えがちなエコバッグに
柄のスカーフをドッキング

リメイクアイテム
エコバッグ＆スカーフ

①スカーフを半分にカットする

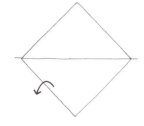

②三角の底辺にギャザーを寄せるための粗めのステッチをかける（2枚同様）

③ギャザーを寄せたら、スカーフの先がバッグの中心で重なるように置く。このとき6cmほど重なるようにし、先を3cmほど下げておく

④バッグとスカーフをミシンで縫い合わせる

⑤縫ったところから1cmのところをバッグの内側に折る

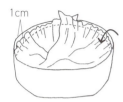

⑥スカーフのはみ出た先の部分はカットする

⑦アイロンでしっかり折り目をつける

⑧折り目をキープしながらスカーフを持ち上げ、ミシンで縫う

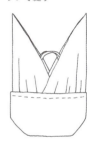

持ち手を結んで完成。短く結んだり、長く結んだりアレンジも可。

sewing point
エコバッグの持ち手はカットせずに残しているので原状復帰できます。作り方③の「3cm下げる」ことがきれいに仕上げるコツです！

Item 31
チューリップハット

冬用のチューリップハットは落ち着いた雰囲気で上品な装いとも好相性。裏布はチェック柄を使用。リバーシブルでも楽しめます。
春夏用の生地で作ってもかわいいです。

リメイクアイテム
パンツやサロペットなど
生地がたくさん取れる服

裁断図

表布 6枚　　裏布 6枚

200%に拡大した型紙(P109)を写して布をカットする
表布、裏布それぞれ6枚ずつ用意する

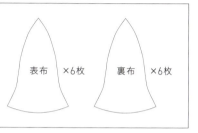

①表布を中表で合わせ、端を縫い合わせていく。裏布も同様にする

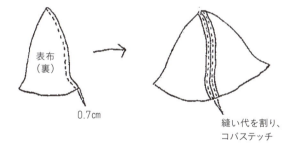

②表布と裏布を中表で合わせ、返し口を残して縫い合わせる

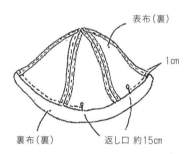

③返し口から表に返す。アイロンで形を整え、端をぐるりとコバステッチで縫う

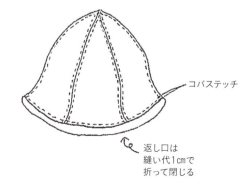

Item 32

ミトン

小さな手を包み込むかわいらしいミトンも
少しの生地で手軽に作れます。
ファー付きにすると手首まであったか。

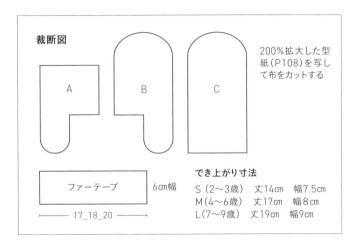

裁断図

200%拡大した型紙(P108)を写して布をカットする

ファーテープ　6cm幅
17_18_20

でき上がり寸法
S（2〜3歳）　丈14cm　幅7.5cm
M（4〜6歳）　丈17cm　幅8cm
L（7〜9歳）　丈19cm　幅9cm

リメイクアイテム
ウールやフリースなど
暖かい生地の服、
ファーアイテム

用意するもの
・ファーテープ　6cm幅×40cm

＊右手の作り方です。左手は図を反転させて同様に作ります

①AとBを中表にして、手のひらから親指にかけて縫う。角に切り込みを入れ、縫い代を5mmにカットしてジグザグミシン

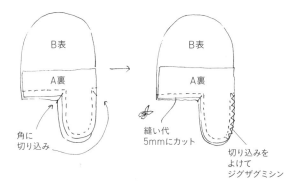

②AとBを開き、Cと中表に合わせて縫う。このとき、切り込みを広げ、親指の縫い代を避けながら縫う

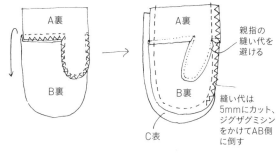

③ファーを中表で縦に半分に折り、端を縫い合わせる。本体の裏とファーの表を重ね合わせ、手首を1周縫う

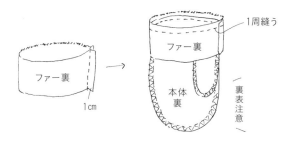

④本体を表に返してから、ファーを表に返す。ファーの口を中に1cm入れ込み、手縫いでまつる

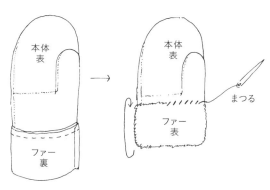

sewing point
ファーは目打ちで毛をすくいあげながら縫うときれいに仕上がります。

パーティのための変身アイテム

大人用のチュールスカートと子ども用のレオタードを、
プリンセスごっこやハロウィン、
クリスマスに活躍するコスチュームにリメイク。
おそろいのドール服とカチューシャ＆ステッキが
パーティ気分を盛り上げてくれます。

> **リメイクアイテム**
> チュールスカート&スカート裏地
> ＊スカートは、チュールが2枚重ねのものを使用しています
>
>
> before
>
> **用意するもの**
> ・ゴム（4mm幅）52cm
> ・ゴム（2cm幅）52cm
> ・ネイル用シール（飾り用）

Item 33

チューブトップ&チュールスカート

大人用のチュールスカートを子どもサイズに、スカートの裏地はチューブトップに仕上げます。ネイル用シールでデコレーションするのが、かわいさアップのポイントです。

サイズの目安：size100〜120

裁断図（縫い代込み）

チューブトップ

①上下の端をアイロンで三つ折りにする

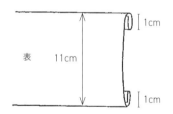

②中表に合わせて脇を縫って筒状にする

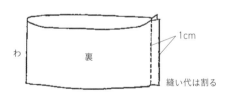

③表に返し、ゴム通し口を残して上下の端にステッチをかける

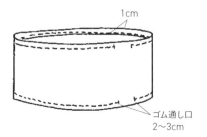

④ゴム（4mm幅）を通したら、ゴム端を1cm重ねて縫いとめ、通し口をとじる

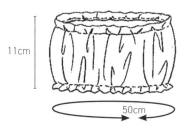

ネイル用シールを布用ボンドで好きな箇所につけたら完成！

チュールスカート

①ウエスト下を切り離す

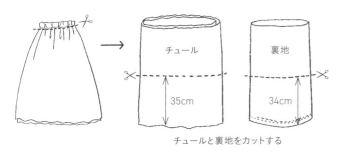

②裏地のウエスト部分を表に折り返す

③チュールのウエストにギャザーを寄せて、裏地のウエスト寸法に合わせる

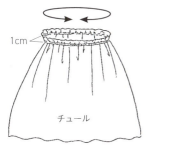

④裏地のウエスト部分にチュールを挟み込む

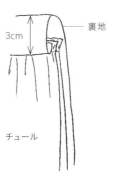

⑤ゴム通し口を残し、ステッチをかける

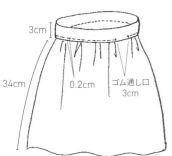

ゴム（2cm幅）を通したら、ゴム端を1cm重ねて縫いとめ、通し口をとじる

Item 34
おそろいドール服

みんなが憧れる、相棒のお人形とおそろいの服。ドール用の服を手作りするのは少しハードルが高いけれど、チューブトップとスカートなら初心者さんでも簡単に作れます。

サイズの目安:ドール身長30cm

用意するもの
- ゴム（4mm幅）40cm
- ネイル用シール（飾り用）

裁断図（縫い代込み）　スカートの裏地　32cm × 6cm

ドールのチューブトップ
＊作り方は子ども用（P70）と同様

①上下の端をアイロンで三つ折りにする

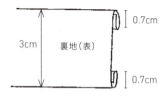

3cm／裏地（表）／0.7cm／0.7cm

②中表に合わせて脇を縫って筒状にする

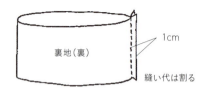

裏地（裏）／1cm／縫い代は割る

③表に返し、ゴム通し口を残して上下の端にステッチをかける

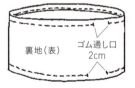

裏地（表）／ゴム通し口 2cm

④ゴムを20cm通して、ゴム端を重ねて縫いとめ、通し口を閉じる

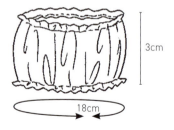

3cm／18cm

ドールのチュールスカート

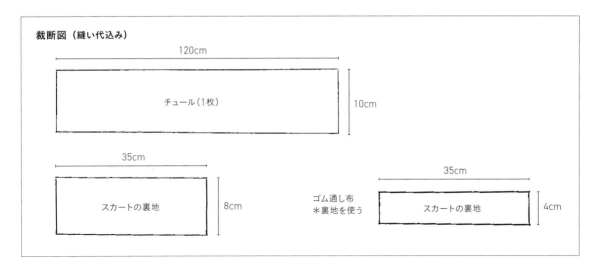

① 中表に合わせて脇を縫って筒状にする。縫い代は割る

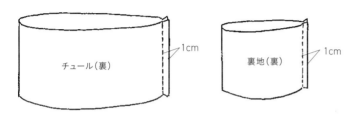

② チュールのウエストにギャザーを寄せて、裏地のウエスト寸法に合わせる

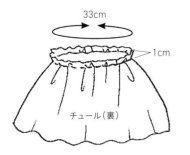

③ 裏地とチュールを重ねて、ウエスト上端を合わせる（チュールの方が丈が2cm長くなります）

④ ゴム通し布を作る

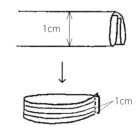

⑤ ゴム通し布にスカートのウエストを挟み込む

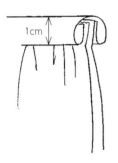

⑥ ゴム通し口を残し、ステッチをかける

ゴムを20cm通したら、ゴム端を1cm重ねて縫いとめ、通し口をとじる

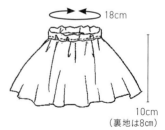

Item 35

チュールのカチューシャ

ドレスアップに欠かせないヘアアクセサリー。
ふわっとボリューミーなチュールリボンは
キュートでありながら、華やかな印象を与えてくれます。

用意するもの
・カチューシャ台
・ヘアピン
・ネイル用シール（飾り用）

裁断図

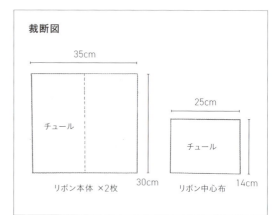

①リボン本体の中央にギャザーミシンをかけ、ギャザーをよせる、もう一枚も同様にする

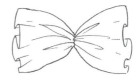

②リボン中心布は手でくしゅくしゅっとチュールを束ねて縫って筒状にする

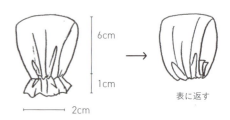

③中心布にリボン本体とカチューシャ台を通してずれないように表から見えない箇所を縫いとめる

＊ドール用は、同様に小さいリボンを作り、真ん中にヘアピンを縫いつけます

Item 36

黒ネコチュールスカート
&カチューシャ

サイズアウトしたレオタードは、
スカート部分を切り離してレギンスやタイツに重ねると
ちょっとしたプリンセス気分に。
ネコ耳カチューシャはハロウィンなどのイベントにも活躍します。

サイズの目安:size80〜90

リメイクアイテム

チュールレオタード

＊レオタードは、チュールが2枚重ねのものを使用しています

before

ネコ耳カチューシャ

> **用意するもの**
> ・カチューシャ台
> ・キルト芯
> ・ネイル用シール（飾り用）

①レオタードの上身部分を使ってネコ耳を作る

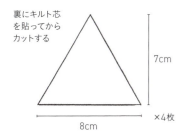

裏にキルト芯を貼ってからカットする

7cm / 8cm / ×4枚

②2枚を中表に合わせて縫う

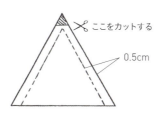

ここをカットする / 0.5cm

③表に返し、下端の縫い代を内側に折り込む

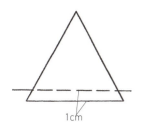

1cm

④カチューシャ台に縫いとめる

＊カチューシャ台にレオタードの残布や同じ色のリボンを巻き付けると統一感が出ます（作り方はP14参照）

チュールスカート

> **用意するもの**
> ・ゴム（1.5cm幅）46cm
> ・ネイル用シール（飾り用）

①ウエストから5cm上をカットする

5cm

②ウエスト上を三つ折りにする

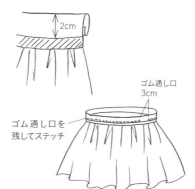

2cm / ゴム通し口 3cm / ゴム通し口を残してステッチ

③ゴムを通したらゴム端を1cm重ねて縫いとめ、通し口をとじる

＊P70で着用のピンクチュールは、パンツ部分をカットしています

Item 37
ハートと星の魔法ステッキ

小さな魔女やプリンセス気分を
盛り上げてくれるステッキ。
ネイル用シールで数字を作ると、
バースデイパーティにも活躍します。

用意するもの
・リボンやレース
・ネイル用シール(飾り用)
・ストロー

① レオタードの残布でハートや星の形を作る。生地の裏にキルト芯を貼るとカットしやすくなります

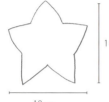

③ 返し口に紙ストロー、リボンやレースを差し込み、ボンドでとめる。返し口をまつり縫いで閉じる

② 返し口を残して周囲を縫う

返し口3cm　0.5cm

角に切り込みを入れて表に返す

ネイル用シールを布用ボンドで貼って完成!

Item 38
パーティハット

パーティやお誕生日のためのとんがり帽子。
ハギレやレースなど、おうちにあるもので手作りできます。
トップにチュールやシフォンをつけるとかわいさアップ。

リメイクアイテム
着なくなった服のレース部分

用意するもの
・画用紙 A4サイズ 1枚
・ハギレ（20cm×35cm） 1枚
・リボン
・チュール
・布用両面テープ

写真はレースを2枚重ねています

準備
画用紙は200%に拡大した型紙（P109）を写してカットする
ハギレは200%に拡大した型紙を写し、縫い代1cmをつけてカットする

①画用紙の周囲に両面テープを貼る

②布に画用紙を貼る

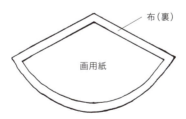

③画用紙に両面テープを貼り、布端を内側に折って貼る

④両面テープでレースをつける

⑤片方の端に両面テープを貼って円すいにする

ここに貼る
重ねるところ
レースはここまで

⑥リボンをマスキングテープで内側につけたら完成！

円すいのトップにチュールやボンボンをつけてもかわいいです

リボン

Item 39
リボンのヘアピン

おうちにあるリボンを
とっておきのヘアアクセに。
縫わずに作れるので、
とっても簡単です。

用意するもの
- リボン(15cm)2本
- リボン(5cm)1本
- ヘアクリップやパッチンピン
- 布用両面テープ

①リボン(15cm)を輪にして端を1cmほど重ねて両面テープでとめる

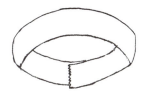

2つ作る

②2つを重ねて、糸を中心に数回巻きつける

③リボン(5cm)で中心をくるみ、両面テープでとめる

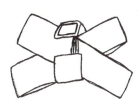

④センターのリボンにヘアクリップやパッチンピンをはさんだら完成!

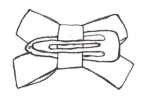

sewing point

リボンは、グログランリボン(10mm幅)を使用しています。
リボンをカットするときは、ピンキングバサミ(刃がギザギザになっているハサミ)を使うとほつれ防止になります。

Item 40

クラウン（王冠）

ハギレを裂いて土台にくるくる巻きつけるだけ！

用意するもの
- ハギレ
- リボン
- アルミのワイヤー（2mm×1m）
＊100円ショップにあります
- 布用両面テープ

① ワイヤーで王冠の形を作る

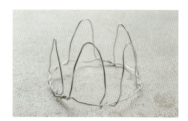

② 裂き布を作る

布に切り込みを入れたら、布を裂いていく

③ 裂き布の先に両面テープを貼ってワイヤーに布を少しずつずらしながら、くるくる巻いていく

両面テープをところどころに貼りながら巻くと、ずれにくくなります。王冠にリボンを結んだら完成

ハンガーに巻いてもかわいい！

Item 41
ヘアコームの髪飾り

ハギレをヘアコームに結ぶだけで
素敵な髪飾りに。
布は15〜20cmを目安に
長めにカットします。

用意するもの

・ハギレ
＊コームの間に結びつけるため、薄手
のコットン生地やチュールがおすすめ
です
・ヘアコーム

①ハギレを細長くリボン状にカットする

②ヘアコームにひばり結びする

ひばり結び

リボンを縦半分に
折り、ヘアコームの
すき間に通す

リボンの輪っかに先
端2本を通し、引っ
ぱってきゅっとしめる

生地の素材や長さを変えると
リボンに動きが出ます

Item 42
色とりどりのコサージュ

ハギレで作る、
手のひらサイズのコサージュ。
大きさや柄、色を変えて
いろいろな表情の花を咲かせてね！

用意するもの
・ハギレ（直径6cm）6枚
・ヘアピンやブローチピン

①ハギレを円形に切って半分に折る

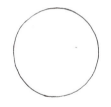 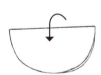

②半円を半分に折って両端を丸くカットする

6枚

ひらくとお花の形になる

③花びらの向きを変えながら重ねて半分に折る

④花の中心を縫いとめたあと、半円を描くように数回縫って、糸を引いて布を絞って玉どめする

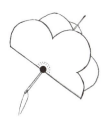

sewing point

コップの底やマスキングテープなど、丸いものを使うと、コンパスがなくても丸がきれいに描けます。

裏側にヘアピンやブローチピンを縫いつけたら完成！

特別な日の
蝶ネクタイ&つけ襟

細めのすっきりとした形の蝶ネクタイと、
きちんと感のある清楚な印象のつけ襟は、ハレの日に大活躍。
季節やTPOに合わせて生地を変えれば、日常使いも楽しめます。
おうちにあるハギレや古着で簡単に作れます。

Item 43

蝶ネクタイ

お祝いの場や発表会などの装いを
ビシッとかっこよくきめてくれる蝶ネクタイ。
ヘアゴムとして使うこともできます！

材料
・ハギレ20.5cm×7cm
＊薄地の場合は接着芯を貼る

・布用両面テープ
・マスク用ゴム

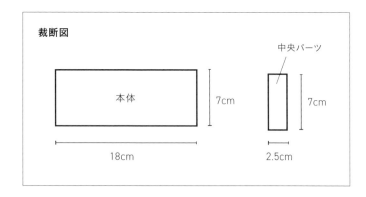

裁断図

本体 18cm × 7cm

中央パーツ 2.5cm × 7cm

作り方

① 本体の上下に両面テープを貼り、中心で合わせてとめる

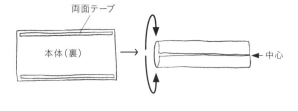

② 本体の左右に両面テープを貼り、中心で合わせてとめる

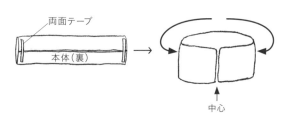

③ 中央パーツの端に両面テープを貼り、中心で合わせてとめる

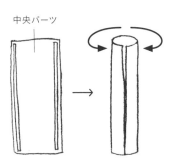

④ 本体をリボンの形に整えたら中央パーツでくるむ

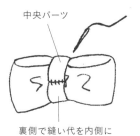

裏側で縫い代を内側に折りたたんで縫いとめる

⑤ 首まわりの寸法に合わせたマスクゴムをリボン裏側に通す

ゴムを通して結び目は中央パーツに隠す

Item 44

つけ襟

シンプルなシルエットのつけ襟は、ワンピースやTシャツに合わせると顔まわりに華やかさを与えてくれます。

材料
- ハギレ　20cm×80cm
- 接着芯　20cm×40cm
- スプリングホック　1組

裁断図

200%に拡大した型紙（P108）を写して布をカットする。
＊裏襟に接着芯を貼る

作り方

①表襟と裏襟を中表に合わせ、返し口を残して周囲を縫う

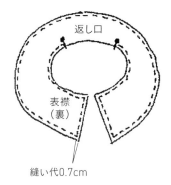

縫い代0.7cm

②返し口を残して首まわりの縫い代に切り込みを入れる

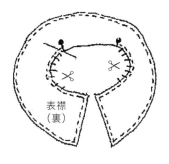

③返し口から表に返し、アイロンで形を整え、返し口をコバステッチで縫う

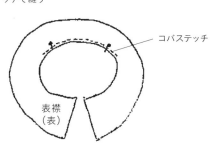

コバステッチ

④裏襟にスプリングホックをつける

裏側から見た図

おまけレシピ
入園&入学セット

レッスンバッグにルームシューズ入れ、
移動ポケットなど、入園入学に欠かせない収納バッグ。
動物モチーフや好きな生地で作るアイテムは、
心細さに勇気を与えてくれるはずです。

出来上がり寸法
（タテ30cm × ヨコ40cm × マチ幅6cm）

Item 45

レッスンバッグ

A3サイズやお道具箱も収まる
レッスンバッグ。マチと裏地つきで、
収納力と丈夫さを兼ね備えています。

用意するもの
- 表布（タテ68cm×ヨコ48cm）
- 裏布（タテ62cm×ヨコ48cm）
- 持ち手（幅40cm×8cm）2枚
- お花のモチーフ
- レース（0.7cm幅）

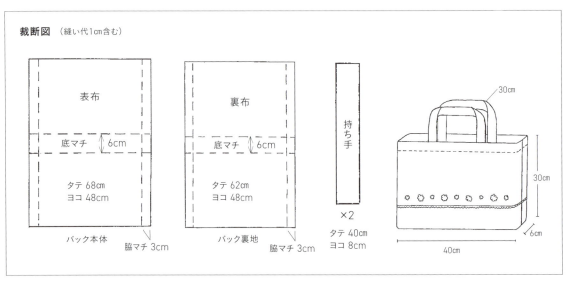

裁断図（縫い代1cm含む）

①持ち手を作る

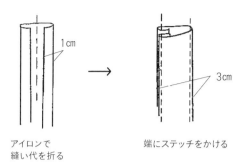

②花のモチーフとレースを縫いつける

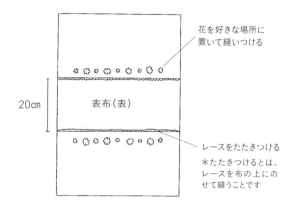

③バッグ本体を作る

④底マチを縫う

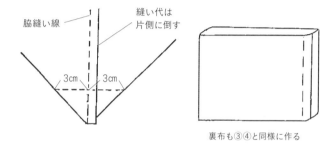

⑤バッグ本体に持ち手をつける

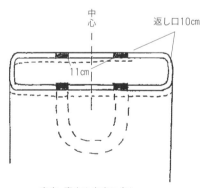

⑥返し口から表に返す

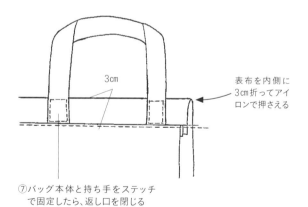

Item 46
上履き入れ

レッスンバッグとおそろいのルームシューズ入れは、高学年になっても使えるサイズ感です

用意するもの
- 表布(タテ66cm×ヨコ29cm)
- 裏布(タテ66cm×ヨコ29cm)
- 持ち手(タテ30cm×ヨコ6cm)
- ループ(タテ8cm×ヨコ4.5cm)
- お花のモチーフ
- レース2本(0.7cm幅)

出来上がり寸法(タテ30cm×ヨコ23cm×マチ幅4cm)

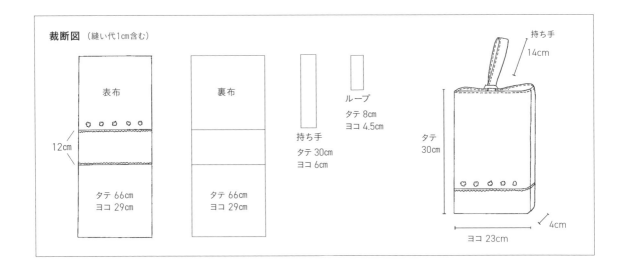

①持ち手とループを作る
　(レッスンバッグの作り方①参照)

②表布(表)にお花のモチーフとレースを縫いつける

③表布を中表に半分に折り、両脇を縫う

④底マチ部分を縫う

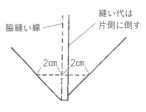

裏布も③④と同様に作る

⑤表布(表)の中央に持ち手、対面側にループを仮止めする

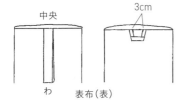

⑥表布と裏布を中表に合わせ、返し口を残して袋口を縫う

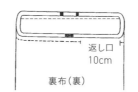

⑦返し口から表に返し、返し口を閉じる

Item 47

水筒ケース

キルト芯を入れてクッション性を持たせた水筒ケース。
持ち手は、学校の机のフックにかけられるように
短めに仕上げています。好みの長さに変えてください。

出来上がり寸法(タテ18cm×底9cm)

用意するもの
- 表布A(タテ14cm×ヨコ30cm)
- 表布B(タテ8cm×ヨコ30cm)
- 裏布(タテ20cm×ヨコ30cm)
- キルト芯・片面接着(タテ20cm×ヨコ30cm)
- 底(直径11cm) 表布1枚 裏布1枚 キルト芯1枚
- 持ち手(タテ25cm×ヨコ6cm)
- ネコ耳用(底辺4cm×2.5cm)4枚
- 接着芯(薄)　・ボタン　・刺しゅう糸

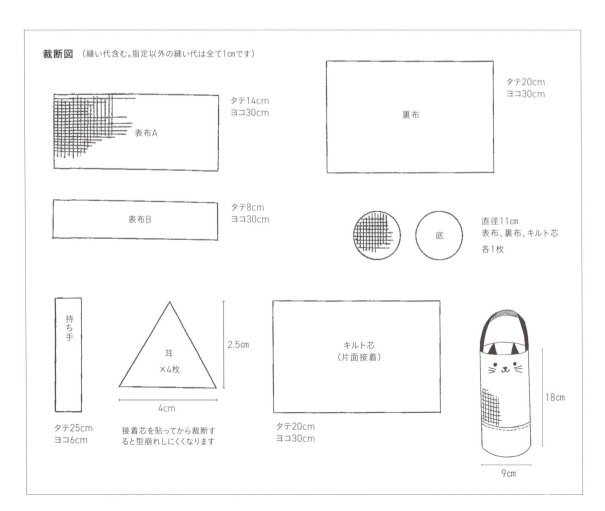

裁断図 （縫い代含む。指定以外の縫い代は全て1cmです）

表布A　タテ14cm ヨコ30cm

裏布　タテ20cm ヨコ30cm

表布B　タテ8cm ヨコ30cm

底　直径11cm 表布、裏布、キルト芯 各1枚

持ち手　タテ25cm ヨコ6cm

耳×4枚　4cm　2.5cm
接着芯を貼ってから裁断すると型崩れしにくくなります

キルト芯(片面接着)　タテ20cm ヨコ30cm

18cm　9cm

①ネコの顔を作る

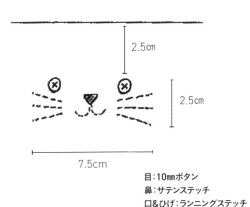

目：10mmボタン
鼻：サテンステッチ
口&ひげ：ランニングステッチ

②持ち手と三角の耳を作る

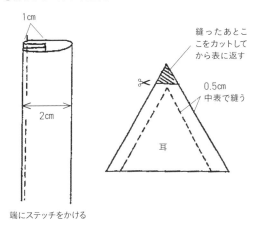

端にステッチをかける

③本体を作る

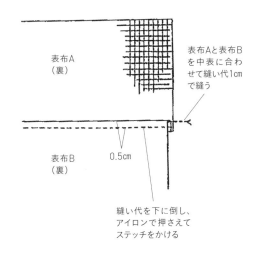

④本体と底にキルト芯を重ねて縫う

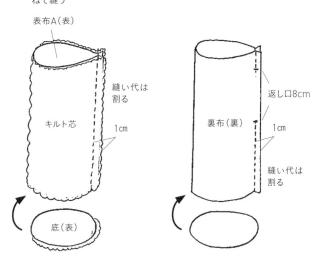

⑤裏布を縫う

⑥持ち手と三角の耳を仮止めする

⑦表布と裏布を中表に合わせて袋口を縫う

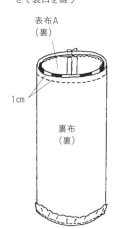

⑧返し口から表に返し、まつり縫いで閉じる

Item 48

お弁当袋

ランチタイムが待ち遠しくなる
動物モチーフのお弁当袋

用意するもの
- 表布(タテ54cm×ヨコ31cm)
- 裏布(タテ48cm×ヨコ31cm)
- ネコ耳用(底辺6cm×高さ4.5cm) 4枚
- ひも(80cm)2本
- ボタン2個
- 刺しゅう糸
- 接着芯

出来上がり寸法
(タテ17.5cm×ヨコ29cm×マチ幅12cm×底17cm)

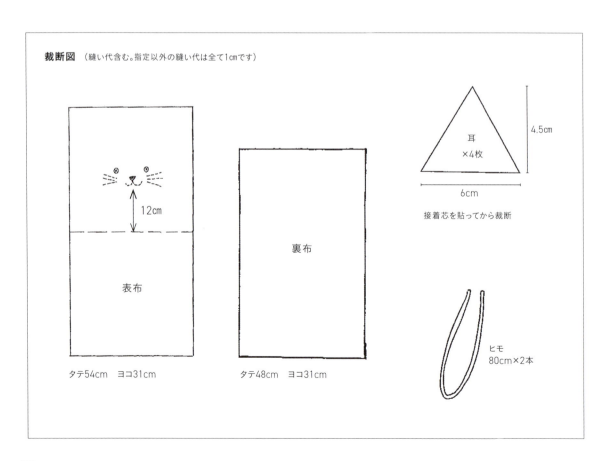

①表布の刺しゅう箇所の裏に接着芯を貼り、ネコの顔を作る（P101水筒ケースの作り方①参照）

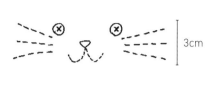

②三角の耳を中表で縫う

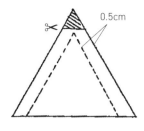

③三角の耳を仮止めする

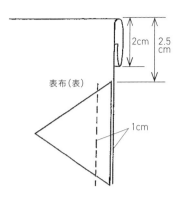

④表布を中表に半分に折り、両脇をあきどまりまで縫う

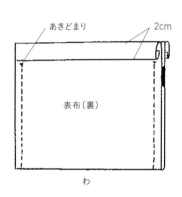

⑤底マチを縫う

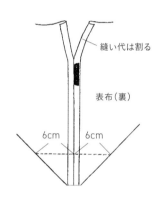

⑥裏布を中表に半分に折り、両脇をあきどまりまで縫う

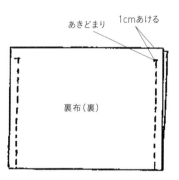

⑦底マチを縫う

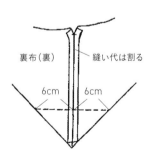

⑧表布に裏布をはさみ込んで縫う

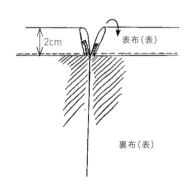

⑨ひもを通す

出来上がり寸法(タテ13cm×ヨコ16cm×マチ幅2cm)

Item 49

移動ポケット

動物モチーフの移動ポケットは
毎日の相棒にぴったり。
ハンドタオルも入る大きさで
使い勝手が抜群です。

用意するもの
- 表布A(タテ13cm×ヨコ18cm)
- 表布B(タテ24.5cm×ヨコ18cm)
- 表布C(タテ32cm×ヨコ18cm)
- ベルト用(タテ18cm×ヨコ4cm)
- ネコ耳用(底辺4cm×2.5cm) 4枚
- 接着芯(薄) ・クリップ 2個
- ボタン ・刺しゅう糸

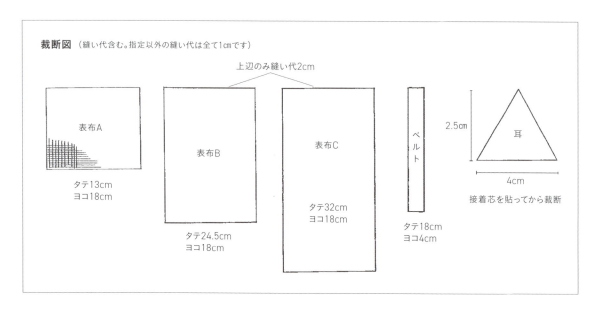

裁断図(縫い代含む。指定以外の縫い代は全て1cmです)

上辺のみ縫い代2cm

表布A
タテ13cm
ヨコ18cm

表布B
タテ24.5cm
ヨコ18cm

表布C
タテ32cm
ヨコ18cm

ベルト
タテ18cm
ヨコ4cm

耳
2.5cm
4cm
接着芯を貼ってから裁断

①表布Aの刺しゅう箇所の裏に接着芯を貼り、ネコの顔を作る

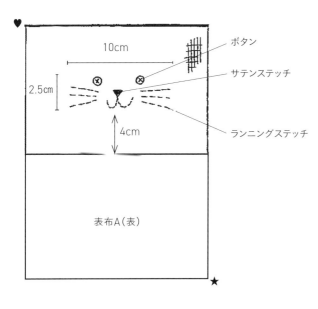

②ベルトと三角の耳を作る

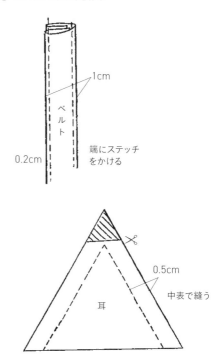

③表布Bを作る

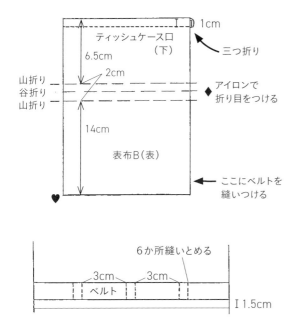

④表布Cを作る

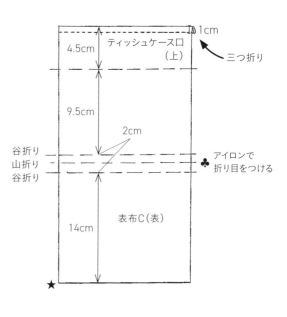

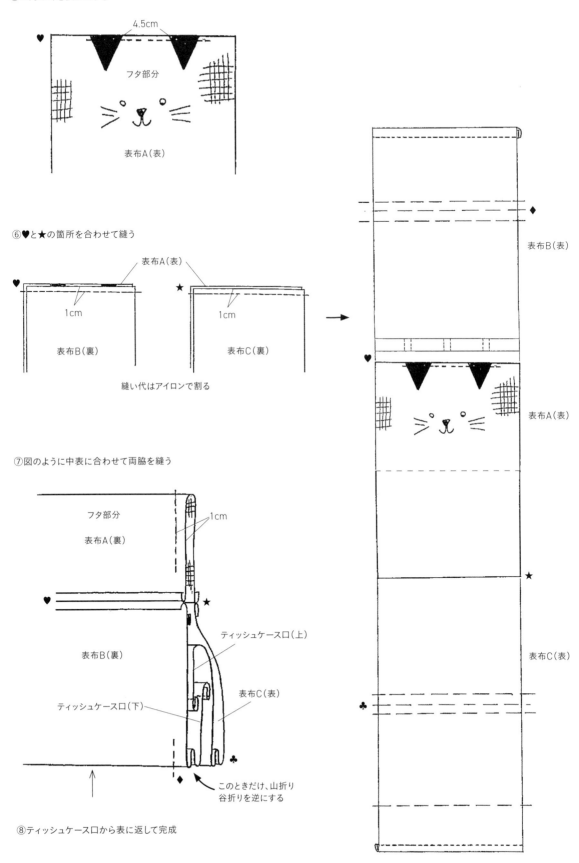

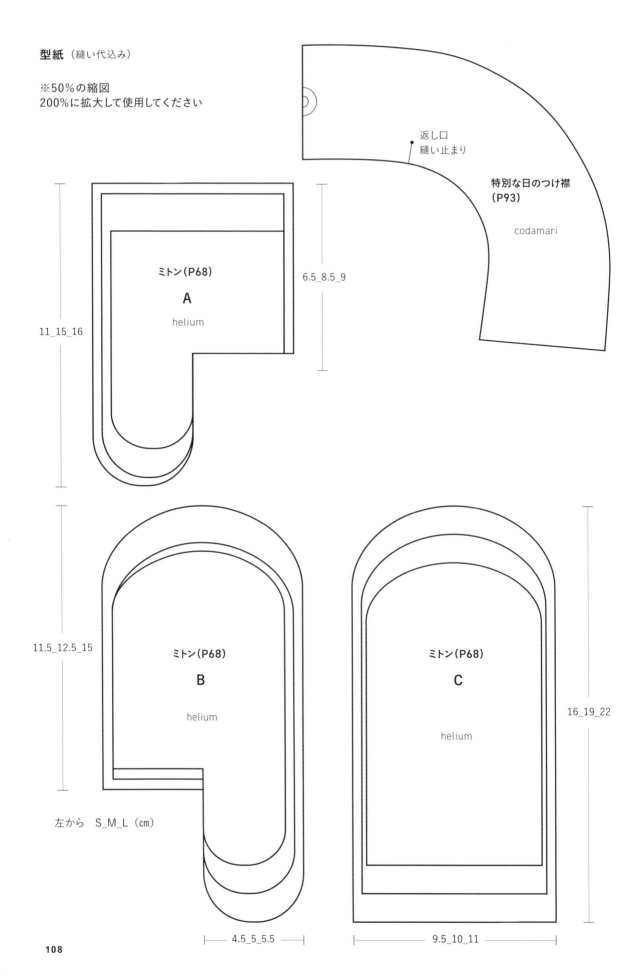

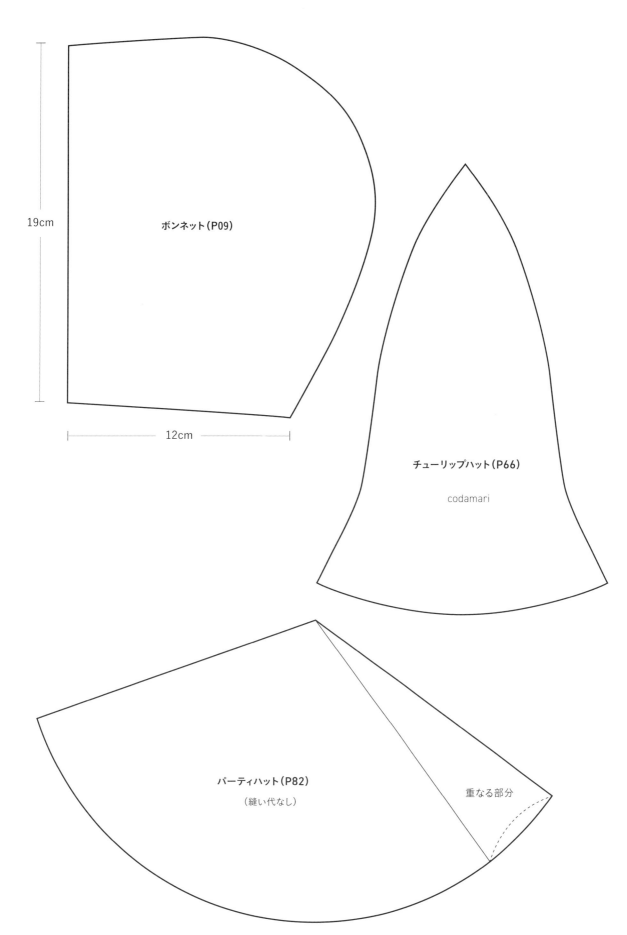

[リメイク作品デザイン]

codamari 髙島まりえ
(P28-29,42-49,66-67,90-93)

文化服装学院卒。舞台衣装や帽子・アクセサリーなどの製作に携わる。2013年に"季節や成長と共に記憶に残る子ども服"をコンセプトに「codamari」をスタート。著書に『男の子にも女の子にも似合う服』（日本ヴォーグ社）。

Instagram @codamari

ireiru 越後礼衣
(P18-25,70-81,94-107)

エスモードジャポン卒業後、ファッションブランド数社でデザイナーやパタンナーを経験。2022年ベビー・キッズウェアブランド「ireiru」をスタート。

Instagram @ireiru__
https://ireiru.theshop.jp

helium 中山ゆい
(P30-34,40-41,68-69)

デザイナー・イラストレーターを経て、出産を機に「helium」を立ち上げ、服飾作家として活動を始める。著書にに「heliumのソーイングレシピきせつを楽しむ子ども服」（日本ヴォーグ社）。

Instagram @___helium

miit 新垣美穂
(P54-59)

エスモードジャポン卒。アパレルメーカーを経て、2013年に子ども服のブランド「miit」をスタート。著書に『小さな子どもの手づくり服』『すてきな子ども服』（文化出版局）。

Instagram @miitbabyclothing
https://miit-design.stores.jp/

fun 黒田優貴
(P60-65)

洋服を着るのって楽しい、作るのって楽しい、そんな気持ちからはじまった fun。「私の"楽しい"から、みんなの"楽しい"の一部になれるような一着を届けたい」と、想いを込めて仕立てられた服を楽しみにしているファンも多い。

Instagram @ki_yu

Mother's made 菊地千春
(P35-39,53)

元CANDYSTRIPPERデザイナー。「ときめきがなくなってしまった服に再びときめきを」をテーマに古着や輸入生地、メーカー在庫などを利用し、1点もののリメイク服を作る。東京・吉祥寺に実店舗あり。

Instagram @mothersmade_official

korinco home 深野佳奈子
(P82-85)

家庭科教員の経験を活かし、子どもと一緒に作るアイテムを制作。手芸をはじめ、季節のモノづくりを実生活に取り入れやすい形で提案する。

Instagram @korinco_home

スタイリスト 仲村理恵
(P08-17,26-27,50-52,86-89)

文化服装学院卒。雑誌や広告のスタイリングを中心に活躍。裁縫を得意とし、お子さんの幼少期には自身の服や余った布を使いリメイクを楽しんでいた時期も。初心者にもやさしいリメイクを提案。

＊この本は「momo」に掲載した内容に新しいリメイク作品を加え、再編集しています

[撮 影] 三好宣弘（RELATION）
[スタイリング] 仲村理恵
[ヘア&メイク] 高松由佳
[編 集] 長井麻記
[デザイン] 山本弥生
[モデル] uta waka moa ruka
juli souta hazuki nina ire iru
shizuku ritsu kanoe rua

不要になった服を簡単リメイク
こども服と小物

2025年 1月 8日　第1刷発行

発 行 人　山下有子

発　　行　有限会社マイルスタッフ
〒420-0865 静岡県静岡市葵区東草深町22-5 2F
TEL:054-248-4202

発　　売　株式会社インプレス
〒101-0051 東京都千代田区神田神保町一丁目105番地

印刷・製本　株式会社シナノパブリッシングプレス

乱丁本・落丁本のお取り換えに関するお問い合わせ先
インプレス　カスタマーセンター
FAX:03-6837-5023　service@impress.co.jp
※古書店で購入されたものについてはお取り替えできません。

©MILESTAFF 2025 Printed in Japan ISBN978-4-295-41062-1　C2077
本誌記事の無断転載・複写（コピー）を禁じます。